Show Title

....o

....o

Theatre ....o

Performance Date ....o

Matinee ▢ E

Review: ....

....

....

....

....

....

....

....

....

....

....

....

☆☆☆☆☆

GW00481966

Show Title

Theatre

Performance Date

Matinee ☐   Evening ☐

Review:

Show Title

Theatre

Performance Date

Matinee ☐   Evening ☐

Review:

Show Title

Theatre

Performance Date

Matinee ☐   Evening ☐

Review:

Show Title

....o

....o

Theatre ....o

Performance Date ....o

Matinee ☐   Evening ☐

Review: ....

....

....

....

....

....

....

....

....

....

....

....

☆☆☆☆☆

Show Title ....o

....o

Theatre ....o

Performance Date ....o

Matinee ☐   Evening ☐

Review: ....

....

....

....

....

....

....

....

....

....

☆☆☆☆☆

Show Title

....o

....o

Theatre ....o

Performance Date ....o

Matinee ☐   Evening ☐

Review: ....

....

....

....

....

....

....

....

....

....

....

☆☆☆☆☆

Show Title
....o

....o

Theatre ....o

Performance Date ....o

Matinee ☐   Evening ☐

Review: ....

....

....

....

....

....

....

....

....

....

☆☆☆☆☆

Show Title

....o

....o

Theatre ....o

Performance Date ....o

Matinee ☐   Evening ☐

Review: ....

....

....

....

....

....

....

....

....

....

....

....

☆☆☆☆☆

Show Title ....o

....o

Theatre ....o

Performance Date ....o

Matinee ☐   Evening ☐

Review: ....

....

....

....

....

....

....

....

....

....

....

☆☆☆☆☆

Show Title

....o

....o

Theatre ....o

Performance Date ....o

Matinee ☐ Evening ☐

Review: ....

....

....

....

....

....

....

....

....

....

....

....

Show Title ....o

....o

Theatre ....o

Performance Date ....o

Matinee ☐   Evening ☐

Review: ....

....

....

....

....

....

....

....

....

....

....

☆☆☆☆☆

Show Title

Theatre

Performance Date

Matinee ☐ Evening ☐

Review:

Show Title ....o

....o

Theatre ....o

Performance Date ....o

Matinee ☐   Evening ☐

Review: ....

....

....

....

....

....

....

....

....

....

....

☆☆☆☆☆

Show Title ....o

....o

Theatre ....o

Performance Date ....o

Matinee ☐   Evening ☐

Review: ....

....

....

....

....

....

....

....

....

....

....

....

....

☆☆☆☆☆

Show Title ....o

....o

Theatre ....o

Performance Date ....o

Matinee ☐   Evening ☐

Review: ....

....

....

....

....

....

....

....

....

....

....

☆☆☆☆☆

Show Title ....o

....o

Theatre ....o

Performance Date ....o

Matinee ☐   Evening ☐

Review: ....

....

....

....

....

....

....

....

....

....

....

....

....

☆☆☆☆☆

Show Title ....o

....o

Theatre ....o

Performance Date ....o

Matinee ☐   Evening ☐

Review: ....

....

....

....

....

....

....

....

....

....

....

☆☆☆☆☆

Show Title

....o

....o

Theatre ....o

Performance Date ....o

Matinee ☐   Evening ☐

Review: ....

....

....

....

....

....

....

....

....

....

....

☆☆☆☆☆

Show Title ....o

....o

Theatre ....o

Performance Date ....o

Matinee ☐   Evening ☐

Review: ....

....

....

....

....

....

....

....

....

....

....

☆☆☆☆☆

Show Title

Theatre

Performance Date

Matinee ☐ Evening ☐

Review:

☆☆☆☆☆

Show Title ....o

....o

Theatre ....o

Performance Date ....o

Matinee ☐   Evening ☐

Review: ....

....

....

....

....

....

....

....

....

....

....

☆☆☆☆☆

Show Title ....o

....o

Theatre ....o

Performance Date ....o

Matinee ☐   Evening ☐

Review: ....

....

....

....

....

....

....

....

....

....

....

....

Show Title
....o

....o

Theatre
....o

Performance Date
....o

Matinee ☐   Evening ☐

Review:
....

....

....

....

....

....

....

....

....

....

....

☆☆☆☆☆

Show Title ....o

....o

Theatre ....o

Performance Date ....o

Matinee ☐ Evening ☐

Review: ....

....

....

....

....

....

....

....

....

....

....

....

☆☆☆☆☆

Show Title

....o

....o

Theatre ....o

Performance Date ....o

Matinee ☐   Evening ☐

Review: ....

....

....

....

....

....

....

....

....

....

....

☆☆☆☆☆

Show Title ....o

....o

Theatre ....o

Performance Date ....o

Matinee ☐   Evening ☐

Review: ....

....

....

....

....

....

....

....

....

....

....

☆☆☆☆☆

Show Title

....○

....○

Theatre ....○

Performance Date ....○

Matinee ☐   Evening ☐

Review: ....

....

....

....

....

....

....

....

....

....

....

☆☆☆☆☆

Show Title ....o

....o

Theatre ....o

Performance Date ....o

Matinee ☐   Evening ☐

Review: ....

....

....

....

....

....

....

....

....

....

....

☆☆☆☆☆

Show Title ....o

....o

Theatre ....o

Performance Date ....o

Matinee ☐   Evening ☐

Review: ....

....

....

....

....

....

....

....

....

....

....

☆☆☆☆☆

Show Title ....○

....○

Theatre ....○

Performance Date ....○

Matinee ☐   Evening ☐

Review: ....

....

....

....

....

....

....

....

....

....

....

....

Show Title ....o

....o

Theatre ....o

Performance Date ....o

Matinee ☐   Evening ☐

Review: ....

....

....

....

....

....

....

....

....

....

☆☆☆☆☆

Show Title

Theatre

Performance Date

Matinee ☐   Evening ☐

Review:

Show Title ....o

....o

Theatre ....o

Performance Date ....o

Matinee ☐   Evening ☐

Review: ....

....

....

....

....

....

....

....

....

....

....

☆☆☆☆☆

Show Title ....o

....o

Theatre ....o

Performance Date ....o

Matinee ☐   Evening ☐

Review: ....

....

....

....

....

....

....

....

....

....

....

....

☆☆☆☆☆

Show Title ....o

....o

Theatre ....o

Performance Date ....o

Matinee ☐   Evening ☐

Review: ....

....

....

....

....

....

....

....

....

....

....

☆☆☆☆☆

Show Title ....o

....o

Theatre ....o

Performance Date ....o

Matinee ☐   Evening ☐

Review: ....

....

....

....

....

....

....

....

....

....

☆☆☆☆☆

Show Title ....○

....○

Theatre ....○

Performance Date ....○

Matinee ☐   Evening ☐

Review: ....

....

....

....

....

....

....

....

....

....

☆☆☆☆☆

Show Title

Theatre

Performance Date

Matinee ☐   Evening ☐

Review:

Show Title ....o

....o

Theatre ....o

Performance Date ....o

Matinee ☐   Evening ☐

Review: ....

....

....

....

....

....

....

....

....

....

....

☆☆☆☆☆

Show Title ....o

....o

Theatre ....o

Performance Date ....o

Matinee ☐ Evening ☐

Review: ....

....

....

....

....

....

....

....

....

....

....

☆☆☆☆☆

Show Title ....o

....o

Theatre ....o

Performance Date ....o

Matinee ☐   Evening ☐

Review: ....

....

....

....

....

....

....

....

....

....

....

☆ ☆ ☆ ☆ ☆

Show Title

....○

....○

Theatre

....○

Performance Date

....○

Matinee ☐   Evening ☐

Review:

....

....

....

....

....

....

....

....

....

....

....

....

☆☆☆☆☆

Show Title ....o

....o

Theatre ....o

Performance Date ....o

Matinee ☐　　Evening ☐

Review: ....

....

....

....

....

....

....

....

....

....

....

☆☆☆☆☆

Show Title

....o

....o

Theatre ....o

Performance Date ....o

Matinee ☐   Evening ☐

Review: ....

....

....

....

....

....

....

....

....

....

....

☆☆☆☆☆

Show Title

....o

....o

Theatre ....o

Performance Date ....o

Matinee ☐   Evening ☐

Review: ....

....

....

....

....

....

....

....

....

....

....

☆ ☆ ☆ ☆ ☆

Show Title

Theatre

Performance Date

Matinee ☐   Evening ☐

Review:

Show Title ....o

....o

Theatre ....o

Performance Date ....o

Matinee ☐   Evening ☐

Review: ....

....

....

....

....

....

....

....

....

....

....

☆☆☆☆☆

Show Title
....o

....o

Theatre ....o

Performance Date ....o

Matinee ☐   Evening ☐

Review: ....

....

....

....

....

....

....

....

....

....

☆☆☆☆☆

Show Title ....o

....o

Theatre ....o

Performance Date ....o

Matinee ☐   Evening ☐

Review: ....

....

....

....

....

....

....

....

....

....

....

☆☆☆☆☆

Show Title ....o

....o

Theatre ....o

Performance Date ....o

Matinee ☐   Evening ☐

Review: ....

....

....

....

....

....

....

....

....

....

....

☆☆☆☆☆

Show Title ....o

....o

Theatre ....o

Performance Date ....o

Matinee ☐   Evening ☐

Review: ....

....

....

....

....

....

....

....

....

....

....

☆☆☆☆☆

Show Title ....o

....o

Theatre ....o

Performance Date ....o

Matinee ☐   Evening ☐

Review: ....

....

....

....

....

....

....

....

....

....

....

☆☆☆☆☆

Show Title ....o

....o

Theatre ....o

Performance Date ....o

Matinee ☐   Evening ☐

Review: ....

....

....

....

....

....

....

....

....

....

....

☆☆☆☆☆

Show Title ....o

....o

Theatre ....o

Performance Date ....o

Matinee ☐　　Evening ☐

Review: ....

....

....

....

....

....

....

....

....

....

....

....

☆☆☆☆☆

Show Title

....○

....○

Theatre ....○

Performance Date ....○

Matinee ☐   Evening ☐

Review: ....

....

....

....

....

....

....

....

....

....

....

☆☆☆☆☆

Show Title

Theatre

Performance Date

Matinee ☐   Evening ☐

Review:

☆☆☆☆☆

Show Title ....o

....o

Theatre ....o

Performance Date ....o

Matinee ☐   Evening ☐

Review: ....

....

....

....

....

....

....

....

....

....

☆☆☆☆☆

Show Title

Theatre

Performance Date

Matinee ☐   Evening ☐

Review:

☆☆☆☆☆

Show Title ....o

....o

Theatre ....o

Performance Date ....o

Matinee ☐   Evening ☐

Review: ....

....

....

....

....

....

....

....

....

....

....

☆☆☆☆☆

Show Title

Theatre

Performance Date

Matinee ☐   Evening ☐

Review:

Show Title ···o

··o

Theatre ··o

Performance Date ···o

Matinee ☐   Evening ☐

Review: ··

··

··

··

··

··

··

··

··

··

··

☆☆☆☆☆

Show Title ....o

....o

Theatre ....o

Performance Date ....o

Matinee ☐ Evening ☐

Review: ....

....

....

....

....

....

....

....

....

....

....

☆☆☆☆☆

Show Title ....o

....o

Theatre ....o

Performance Date ....o

Matinee ☐   Evening ☐

Review: ....

....

....

....

....

....

....

....

....

....

....

☆☆☆☆☆

Show Title ....○

....○

Theatre ....○

Performance Date ....○

Matinee ☐   Evening ☐

Review: ....

....

....

....

....

....

....

....

....

....

....

....

....

☆☆☆☆☆

Show Title ....o

....o

Theatre ....o

Performance Date ....o

Matinee ☐   Evening ☐

Review: ....

....

....

....

....

....

....

....

....

....

....

☆☆☆☆☆

Show Title ....○

....○

Theatre ....○

Performance Date ....○

Matinee ☐   Evening ☐

Review: ....

....

....

....

....

....

....

....

....

....

....

....

☆☆☆☆☆

Show Title ....o

....o

Theatre ....o

Performance Date ....o

Matinee ☐   Evening ☐

Review: ....

....

....

....

....

....

....

....

....

....

....

☆☆☆☆☆

Show Title

....o

....o

Theatre

....o

Performance Date

....o

Matinee ☐   Evening ☐

Review: ....

....

....

....

....

....

....

....

....

....

....

....

☆☆☆☆☆

Show Title ....o

....o

Theatre ....o

Performance Date ....o

Matinee ☐   Evening ☐

Review: ....

....

....

....

....

....

....

....

....

....

....

☆☆☆☆☆

Show Title

....o

....o

Theatre ....o

Performance Date ....o

Matinee ☐   Evening ☐

Review:
....

....

....

....

....

....

....

....

....

....

....

☆☆☆☆☆

Show Title

....o

....o

Theatre ....o

Performance Date ....o

Matinee ☐   Evening ☐

Review: ....

....

....

....

....

....

....

....

....

....

....

☆☆☆☆☆

Show Title

....○

....○

Theatre

....○

Performance Date

....○

Matinee ☐   Evening ☐

Review:

....

....

....

....

....

....

....

....

....

....

....

....

☆☆☆☆☆

Show Title ....○

....○

Theatre ....○

Performance Date ....○

Matinee ☐   Evening ☐

Review: ....

....

....

....

....

....

....

....

....

....

....

☆☆☆☆☆

Show Title ···o

···o

Theatre ···o

Performance Date ···o

Matinee ☐   Evening ☐

Review: ···

···

···

···

···

···

···

···

···

···

···

···

☆☆☆☆☆

Show Title ....○

....○

Theatre ....○

Performance Date ....○

Matinee ☐   Evening ☐

Review: ....

....

....

....

....

....

....

....

....

....

....

....

☆☆☆☆☆

Show Title ....o

....o

Theatre ....o

Performance Date ....o

Matinee ☐ Evening ☐

Review: ....

....

....

....

....

....

....

....

....

....

....

☆☆☆☆☆

Show Title ....o

....o

Theatre ....o

Performance Date ....o

Matinee ☐   Evening ☐

Review: ....

....

....

....

....

....

....

....

....

....

....

☆☆☆☆☆

Show Title ....○

....○

Theatre ....○

Performance Date ....○

Matinee ☐   Evening ☐

Review: ....

....

....

....

....

....

....

....

....

....

....

....

....

Show Title ....○

....○

Theatre ....○

Performance Date ....○

Matinee ☐   Evening ☐

Review: ....

....

....

....

....

....

....

....

....

....

....

☆☆☆☆☆

Show Title ....o

....o

Theatre ....o

Performance Date ....o

Matinee ☐   Evening ☐

Review: ....

....

....

....

....

....

....

....

....

....

....

☆☆☆☆☆

Show Title ....o

....o

Theatre ....o

Performance Date ....o

Matinee ☐   Evening ☐

Review: ....

....

....

....

....

....

....

....

....

....

....

☆☆☆☆☆

Show Title ....o

....o

Theatre ....o

Performance Date ....o

Matinee ☐   Evening ☐

Review: ....

....

....

....

....

....

....

....

....

....

....

☆☆☆☆☆

Show Title ....o

....o

Theatre ....o

Performance Date ....o

Matinee ☐   Evening ☐

Review: ....

....

....

....

....

....

....

....

....

....

....

☆☆☆☆☆

Show Title ....o

....o

Theatre ....o

Performance Date ....o

Matinee ☐   Evening ☐

Review: ....

....

....

....

....

....

....

....

....

....

....

☆☆☆☆☆

Show Title ....o

....o

Theatre ....o

Performance Date ....o

Matinee ☐   Evening ☐

Review: ....

....

....

....

....

....

....

....

....

....

....

☆☆☆☆☆

Show Title ....o

....o

Theatre ....o

Performance Date ....o

Matinee ☐   Evening ☐

Review: ....

....

....

....

....

....

....

....

....

....

....

☆☆☆☆☆

Show Title ....o

....o

Theatre ....o

Performance Date ....o

Matinee ☐   Evening ☐

Review: ....

....

....

....

....

....

....

....

....

....

....

☆☆☆☆☆

Show Title ....o

....o

Theatre ....o

Performance Date ....o

Matinee ☐   Evening ☐

Review: ....

....

....

....

....

....

....

....

....

....

....

☆☆☆☆☆

Show Title ....o

....o

Theatre ....o

Performance Date ....o

Matinee ☐   Evening ☐

Review: ....

....

....

....

....

....

....

....

....

....

....

☆☆☆☆☆

Show Title ....o

....o

Theatre ....o

Performance Date ....o

Matinee ☐   Evening ☐

Review: ....

....

....

....

....

....

....

....

....

....

....

☆☆☆☆☆

Show Title ....o

....o

Theatre ....o

Performance Date ....o

Matinee ☐   Evening ☐

Review: ....

....

....

....

....

....

....

....

....

....

....

☆☆☆☆☆

Show Title ....o

....o

Theatre ....o

Performance Date ....o

Matinee ☐   Evening ☐

Review: ....

....

....

....

....

....

....

....

....

....

....

☆☆☆☆☆

Show Title ....○

....○

Theatre ....○

Performance Date ....○

Matinee ☐   Evening ☐

Review: ....

....

....

....

....

....

....

....

....

....

....

☆☆☆☆☆

Show Title ....o

....o

Theatre ....o

Performance Date ....o

Matinee ☐   Evening ☐

Review: ....

....

....

....

....

....

....

....

....

....

....

☆☆☆☆☆

Show Title ....o

....o

Theatre ....o

Performance Date ....o

Matinee ☐   Evening ☐

Review: ....

....

....

....

....

....

....

....

....

....

....

☆☆☆☆☆

Show Title

Theatre

Performance Date

Matinee ☐   Evening ☐

Review:

Show Title ....o

....o

Theatre ....o

Performance Date ....o

Matinee ☐   Evening ☐

Review: ....

....

....

....

....

....

....

....

....

....

....

☆☆☆☆☆

Show Title ....o

....o

Theatre ....o

Performance Date ....o

Matinee ☐   Evening ☐

Review: ....

....

....

....

....

....

....

....

....

....

....

☆☆☆☆☆

Show Title

Theatre

Performance Date

Matinee ☐ Evening ☐

Review:

Show Title ....o

....o

Theatre ....o

Performance Date ....o

Matinee ☐   Evening ☐

Review: ....

....

....

....

....

....

....

....

....

....

....

☆☆☆☆☆

Show Title ⚬

⚬

Theatre ⚬

Performance Date ⚬

Matinee ☐   Evening ☐

Review:

☆☆☆☆☆

Show Title

Theatre

Performance Date

Matinee ☐   Evening ☐

Review:

☆☆☆☆☆

Show Title ....o

....o

Theatre ....o

Performance Date ....o

Matinee ☐   Evening ☐

Review: ....

....

....

....

....

....

....

....

....

....

....

☆☆☆☆☆

Show Title

....○

....○

Theatre

....○

Performance Date

....○

Matinee ☐   Evening ☐

Review:
....

....

....

....

....

....

....

....

....

....

☆☆☆☆☆

Show Title ....o

....o

Theatre ....o

Performance Date ....o

Matinee [ ]   Evening [ ]

Review: ....

....

....

....

....

....

....

....

....

....

....

☆☆☆☆☆

Show Title

....o

....o

Theatre ....o

Performance Date ....o

Matinee ☐   Evening ☐

Review: ....

....

....

....

....

....

....

....

....

....

....

☆☆☆☆☆

Show Title ....o

....o

Theatre ....o

Performance Date ....o

Matinee ☐ Evening ☐

Review: ....

....

....

....

....

....

....

....

....

....

....

☆☆☆☆☆

Show Title ....o

....o

Theatre ....o

Performance Date ....o

Matinee ☐   Evening ☐

Review: ....

....

....

....

....

....

....

....

....

....

....

☆ ☆ ☆ ☆ ☆

Show Title ....o

....o

Theatre ....o

Performance Date ....o

Matinee ☐   Evening ☐

Review: ....

....

....

....

....

....

....

....

....

....

....

☆☆☆☆☆

Show Title

....o

....o

Theatre

....o

Performance Date

....o

Matinee ☐ Evening ☐

Review:

....

....

....

....

....

....

....

....

....

....

....

☆☆☆☆☆

Show Title

....o

....o

Theatre

....o

Performance Date

....o

Matinee ☐   Evening ☐

Review:

....

....

....

....

....

....

....

....

....

....

....

☆☆☆☆☆

Show Title

....o

....o

Theatre ....o

Performance Date ....o

Matinee ☐   Evening ☐

Review:

....

....

....

....

....

....

....

....

....

....

....

☆☆☆☆☆

Show Title ....o

....o

Theatre ....o

Performance Date ....o

Matinee ☐ Evening ☐

Review: ....

....

....

....

....

....

....

....

....

....

....

☆☆☆☆☆

Show Title

Theatre

Performance Date

Matinee ☐   Evening ☐

Review:

☆☆☆☆☆

Show Title ....o

....o

Theatre ....o

Performance Date ....o

Matinee ☐   Evening ☐

Review: ....

....

....

....

....

....

....

....

....

....

....

☆☆☆☆☆

Show Title

....o

....o

Theatre ....o

Performance Date ....o

Matinee ☐   Evening ☐

Review: ....

....

....

....

....

....

....

....

....

....

....

☆☆☆☆☆

Show Title

....o

....o

Theatre ....o

Performance Date ....o

Matinee ☐   Evening ☐

Review: ....

....

....

....

....

....

....

....

....

....

....

☆☆☆☆☆

Show Title ···o

···o

Theatre ···o

Performance Date ···o

Matinee ☐   Evening ☐

Review: ···

···

···

···

···

···

···

···

···

···

···

···

Show Title ....o

....o

Theatre ....o

Performance Date ....o

Matinee ☐   Evening ☐

Review: ....

....

....

....

....

....

....

....

....

....

....

☆☆☆☆☆

Printed in Great Britain
by Amazon

80633483R00072